AF248259

ALERTE

PAR

LÉON RICHER

AUTEUR DU **TOCSIN**

Rédacteur de l'Opinion nationale

━━━◆◆━━━

Prix : 40 centimes

VENTE

Chez A. PANIS, Libraire-Éditeur, 52, rue Lafayette

ET

chez MADRE, 20, rue du Croissant.

ALERTE !

PAR

LÉON RICHER

L'esprit s'agite, les consciences s'émeuvent ; — c'est bon signe.

Quand une nation, soucieuse de sa dignité, commence à s'apercevoir qu'elle est dupe, on peut prédire à coup sûr que l'heure de son affranchissement définitif ne tardera pas à sonner.

Nous en sommes là.

*
* *

Il est aujourd'hui peu de gens intelligents — surtout en France — qui ne comprennent à quelles conséquences absurdes, à quels résultats bêtes, nous conduit inévitablement la prépotence du clergé.

Ce qui m'étonne, c'est que les gouvernements n'y voient pas aussi clair, de ce côté-là, que les simples citoyens.

Un peu de perspicacité ne serait cependant pas de trop chez les hommes *décorés* qui s'imposent — au prix moyen de cent mille francs par an — la tâche difficile de rouler le char de l'Etat, dans les profondes ornières de la routine.

Vous m'objecterez peut-être qu'il n'est pas donné à tout le monde d'avoir du discernement, et que l'on peut être un excellent ministre, quoique myope.

A quoi je ne ferai nulle difficulté de répondre que vous avez parfaitement raison.

L'alliance Clérico-Bonapartiste est enfin conclue.

Les deux parties intéressées se sont donné l'accolade sur le périlleux terrain d'une élection au Corps législatif.

Grâce à la toute-puissante intervention de M. l'archevêque de Nice, le candidat du gouvernement, dans les Alpes-Maritimes, vient d'être élu à la presque unanimité des suffrages.

Sur 21,000 votes exprimés, M. Malausséna, maire de Nice, a obtenn 20,966 voix.

Ce que c'est pourtant que de bien s'entendre !

*
* *

Il est vrai que M. Malausséna n'ayant été combattu par aucun concurrent, les électeurs ont dû se trouver dans un cruel embarras.

Ne point voter, c'était se signaler bénévolement à l'attention des fonctionnaires de toute catégorie, depuis l'évêque jusqu'au commissaire de police ; — en province, on y regarde.

Sur 29,492 électeurs inscrits, 8,492 seutement ont eu la hardiesse de rester chez eux.

On dira ce que l'on voudra, mais cette absence de tout candidat opposant diminue singulièrement à mes yeux l'importance de la victoire.

*
* *

Quoi qu'il en soit, pour ceux qui ne considèrent que le résultat obtenu — c'est-à-dire la nomination d'un député agréable —le succès n'en paraît pas moins complet.

J'ai lu, à ce propos, dans les journaux officieux, des témoignages non équivoques de la plus pure satisfaction.

J'offre même de parier que M. Pinard n'a pas été le dernier à se frotter les mains.

*
* *

Cependant, que le gouvernement y songe! Voilà une façon de terrasser l'anarchie qui pourrait le mener loin.

Ce ne sont plus maintenant les préfets qui font les élections, ce sont les évêques.

Alors qu'on supprime les préfets, nous économiserons de la sorte quelques millions sur le prochain budget.

Ma foi! où serait le mal?

La plupart des journaux démocratiques se sont élevés, avec un sentiment peu orthodoxe, contre l'immixtion de M. l'évêque de Nice dans l'opération électorale qui vient d'être si habilement conduite.

Je les trouve charmants, ces journaux!

*
* *

Comment, les curés, — de simples curés — sont appelés à peser de toute leur influence sur les déterminations politiques des citoyens soumis et obéissants dont ils dirigent la conscience, et l'on s'étonne que les évêques interviennent à leur tour?

Mais ces honorables dépositaires de la puissance d'en haut me semblent parfaitetement dans leur droit. Je les blâmerais de ne point agir de la sorte. Pour porter la mitre ou la crosse, on n'en est pas moins préparé aux luttes glorieuses de la politique.

Dans l'armée cléricale, les évêques comptent comme généraux, tout au moins comme colonels; et du jour où les subordonnés sont mis en réquisition par le pouvoir civil, je trouve naturel que les chefs se présentent armés de toutes pièces.

C'est de leur bouche sainte que doit alors descendre le mot d'ordre.

*
* *

Le gouvernement qui mendie le concours d'un simple vicaire, — sans doute parce qu'il pense en avoir besoin — doit, à mon avis, subir les conséquences de son humilité; tant pis pour lui si la position qu'il accepte l'oblige de soumettre préalablement les candidats de son choix à la censure épiscopale!

Tout le monde se rappelle avec quelle basse obséquiosité l'administration préfectorale du Jura réclamait, il y a trois mois, la bienveillance de messieurs les curés pour le candidat désigné à l'agrément des populations, par le ministre de l'intérieur.

Pas de chance, par exemple! On faisait recommander M. Huot au prône, et c'est M. Grévy qui a été nommé!

Voici copie la exacte de la circulaire expédiée *franco* dans toutes les cures de la circonscription :

PRÉFECTURE DU JURA   Lons-le Saulnier, 21 juillet.

Cabinet du préfet

Monsieur le curé,

Je crois devoir vous informer que M. Huot, ancien représentant du peuple à l'Assemblée constituante, et avocat à Dôle, a été choisi par le gouvernement comme son candidat officiel, à l'occasion des élections qui auront lieu le 9 et 10 août, pour la nomination d'un député dans la seconde circonscription législative du Jura.

Je serais heureux qu'il vous *fût permis (sic)* d'accorder vos *bienveillantes sympathies* à la candidature de M. Huot.

Recevez, monsieur le curé, l'assurance de ma respectueuse considération.

Le préfet du Jura,

NAU DE BAUREGARD.

*
* *

Est-ce assez timide ?

En vérité, les préfets, quand ils s'y mettent, ne ménagent guère les susceptibilités de la nation.

Que diable! s'ils ne songent à eux, qu'ils daignent au moins songer à nous.

Un préfet, pour si peu que ce soit, représente l'autorité souveraine.

Il tient ses pouvoirs de l'élu du peuple.

Or, voyez-vous d'ici la figure épanouie des bons desservants de campagne, au reçu de l'humble requête de M. le Préfet du département? — Comme ils ont dû rire!

Quant à moi, je déclare que je me suis senti profondément humilié, le jour où cette malencontreuse supplique m'est tombée, par hasard, sous les yeux.

— Que ne demande-t-on tout de suite au Pape lui-même, me suis-je dit, la permission de présenter M. Huot?

*
* *

Le pire de tout cela, c'est que nous en sommes qu'au commencement.

Viennent les élections générales, — ce qui ne peut tarder beaucoup, — et nous en verrons bien d'autres !

Mais s'il arrive que l'Eglise ne tombe point d'accord avec la Préfecture ? Si le candidat patroné par M. le Ministre n'est pas *assez membre de la Société de Saint-Vincent-de-Paul*, ni assez ennemi du Code Napoléon, pour être appuyé par un évêque ? Que fera-t-on ?

Le Gouvernement osera-t-il imposer silence aux prélats dont l'opinion différera de la sienne ? Défendra-t-il dans le diocèse d'Orléans, par exemple, ce qu'il aura sollicité lui-même dans celui de Saint-Claude, ou simplement laissé faire dans celui de Nice ?

Non, n'est-ce pas ?

Alors, il faudra céder !

*
* *

J'engage fortement M. Pinard, ministre

de l'intérieur, — ou M. Rouher dont on parle beaucoup pour remplacer son collègue pendant la période électorale, — à réfléchir d'une façon sérieuse à cette perspective passablement répugnante d'un pouvoir fort, obligé d'abdiquer ses volontés ou de renoncer à ses préférences devant les hautaines prétentions de l'épiscopat.

*
* *

Si le pouvoir est fort, qu'a-t-il tant besoin des évêques?

S'il n'a point besoin des évêques, pourquoi fait-il si maladroitement solliciter leur appui?

La France n'est pas cléricale, il faut qu'on le sache bien.

Le paysan n'aime pas le prêtre. Il le craint, — voilà la vérité.

Je me rappelle avoir vu, un jour d'élections, dans mon département, le desservant d'une commune distribuer à profusion des bulletins de vote. Notez que le brave homme n'avait pas même besoin de se déranger pour mener à bonne fin sa délicate besogne. Ses paroissiens prenaient la peine de se rendre au presbytère pour y recevoir le mot d'ordre de l'évêché ; fort peu manquaient à ce devoir. Mais une fois dehors la plupart substituaient au bulletin remis par le curé, le bulletin de leur choix.

Ils avaient fait *mine* de se soumettre pour ne pas déplaire.

*
* *

Hypocrisie ! dira-t-on.

Eh ! sans doute ; — mais à qui la faute ?

*
* *

Ne punissez pas la droiture, la loyauté, la franchise, comme on punit une défaillance; ne vous vengez pas d'un acte d'indépendance politique comme d'une trahison, — et ces hypocrisies honteuses disparaîtront.

Il dépend beaucoup de vous, messieurs de la robe noire, que ces pauvres gens qui ont peur, se sentent libres, — et que, se sentant libres, ils agissent au grand jour.

J'ai appris que nous avions couru tout récemment d'assez graves dangers.

Sans la révolution d'Espagne, qui nous a tout à coup sauvés d'une faute à jamais irréparable, nous allions être de nouveau lancés dans les aventures.

Du moins cela s'est dit, et personne n'a démenti le fait.

Le parti qui a conseillé jadis la guerre du Mexique et qui nous maintient, l'arme au bras, aux portes de Rome, allait, paraît-il, obtenir du Gouvernement français que nous défissions en 1869, ce que nous avions si bien commencé en 1859. Il s'agissait d'annuler Solférino, en rendant au Pape les légations, les Marches et l'Ombrie.

On poussait même la témérité jusqu'à demander à l'Empereur Napoléon III, le rétablissement des Bourbons sur le trône de Naples.

L'Espagne, la catholique Espagne, devrait joindre ses soldats aux héros de Mentana, dans cette guerre absurde de reconstitution monarchique.

Heureusement, le coup de tonnerre de Cadix est venu couper court à ces beaux projets.

Ce qui prouve une fois de plus que les révolutions sont dans certains moments bonnes à quelque chose.

*
* *

L'Armée dont prétendait disposer, il y a deux mois, l'ex-reine Isabelle, au gré de ses fantaisies dévotes, ne marchera donc pas contre l'Italie ; c'est maintenant chose certaine.

Mais l'armée française ?.,.

Il faut espérer que les événements dont le Péninsule Ibérique vient d'être le théâtre donneront à réfléchir au Gouvernement de notre pays.

Le parti catholique-ultramontain a perdu en la personne d'Isabelle II, sa meilleure, sa plus sûre alliée.

N'est-ce pas cette reine qui, confinée à Saint-Sébastien, pendant que la révolution triomphante s'installait à Madrid, disait à son entourage :

« Si je conserve ma couronne, jamais je
ne permettrai que l'on proclame la liberté
des cultes en Espagne? »

L'Espagne s'est passée de la permission.
Cette liberté qu'on lui refusait elle l'a prise.

Ainsi devrait-on faire toujours.

La chute de doña Isabelle n'est pas seu-
lement le renversement d'une dynastie,
c'est la condamnation définitive du catholicisme comme système de Gouvernement.

Avec la reine d'Espagne, sont tombés le
père Claret et la sœur Patroccinio, — per-
sonnification *androgyne* de la doctrine
romaine appliquée à la politique des peuples.

Quoi qu'on en ait dit, il paraît aujour-
d'hui certain que ces deux hauts person-
nages (la sœur Patroccinio et le père Claret)
n'ont point suivi leur reine dans sa retraite.

Parbleu! je le crois bien. — Est-ce que
ces sortes de gens s'attachent jamais aux
souverains détrônés? Pas si fous?

Ils sont les amis d'une cause, et non
d'une dynastie.

De quelle utilité pourraient être aujour-
d'hui les témoignages de leur reconnais-
sance?

Mieux vaut cent fois qu'ils travaillent, en
leur qualité de bons catholiques, à la restauration du roi légitime, dont la fille de
Christine occupait *indûment la place.*

Voilà donc où conduit l'aveugle sou-
mission des princes aux volontés de l'E-
glise!

Quand ce n'est pas à l'obséquiosité, -- comme chez nous ; c'est à la révolution, -- comme en Espagne.

Et quelle révolution? -- La révolution du mépris !

Après tout ce qui a été publié, depuis six semaines, sur les événements accomplis de l'autre côté des Pyrénées, je demande pardon à mes lecteurs d'y insister à mon tour.

Mais il y a là -- qu'on y songe ! -- un enseignement dont nous aurions grand tort de pas profiter.

Aucune révolution n'a montré aussi clairement que celle-là combien sont profonds les abîmes que creuse, sous les pas d'un peuple, l'influence exagérée du clergé dans les affaires.

Et ma foi, il est bon de se prémunir contre des éventualités possibles.

On ne sait pas ce qui peut arriver !

L'heureux coup de main qui a jeté bas le trône d'Isabelle me paraît marquer une ère nouvelle dans la vie des peuples.

Nous venons d'être témoins d'une véritable révolution sociale.

A nos portes, une nation se régénère.

Quel exemple !

Le mouvement s'est accentué dès le premier jour, et il n'a pas tardé à revêtir partout le caractère d'une émancipation religieuse, en même temps que d'une émancipation politique.

Les drapeaux promenés dans les rues de

Madrid, par le peuple, portaient tous cette double inscription :

Liberté des cultes !

Liberté de l'enseignement !

*
* *

Du reste, l'application de ces principes ne s'est pas fait attendre.

Un des premiers actes du nouveau gouvernement a été de fermer les couvents qui s'opposaient à la liberté religieuse et de mettre les Jésuites à la porte.

Un décret plus récent a dissout la Société de Saint-Vincent-de-Paul.

Et maintenant, les protestants, sortis des galères, peuvent se livrer en toute sécurité à l'exercice de leur culte.

Cependant, tout n'est pas fini. Il y a, en

certains lieux, des comparses déguisés qui aspirent à jouer les premiers rôles.

La fille de Ferdinand VII et de Marie Christine est à peine tombée du trône, que les menées cléricales recommencent.

*
* *

Je doute qu'elles aient quelque chance de succès en Espagne, mais de ce côté-ci des Pyrénées, il pourrait bien en être autrement.

A ce titre, nous devons, plus que qui que ce soit, nous tenir sur nos gardes.

*
* *

Le parti *noir*, qui ne se considère jamais comme battu (et qui a de bonnes raisons pour cela), rêve en ce moment une restauration légitimiste.

Et savez-vous par qui il compte la faire réussir? — Par la France !

Franchement, ce serait curieux : — Un

Napoléon travaillant de ses propres mains à relever, en Europe, la branche aînée des Bourbons !

L'*Union*, journal clérical et légitimiste, n'a pas craint de recommander, pour de bon, cette plaisante campagne à l'empereur des Français.

Et pendant qu'elle y était, la bonne feuille traçait tout au long son programme.

Le gouvernement impérial devait commencer par envoyer une armée en Espagne pour y installer le petit-fils de Charles V ; après quoi, nos soldats seraient allés directement en Italie rétablir la monarchie bourbonnienne à Naples, à Modène et à Parme.

« Tout cela, disait-elle, est élémentaire, tout cela est naturel. »

Puis elle ajoutait, avec un accent de tristesse indéfinissable qui a dû remuer pro-

fondément les entrailles du chef de l'Etat :
— « Mais saurons-nous le faire, et le voudrons-nous ? »

Comprend-on enfin quel rôle ridicule ces fils de Loyola voudraient nous faire jouer ?

Ce n'est pas assez pour eux d'avoir causé les désastres que vous savez, il faut encore qu'ils essayent de nous jeter dans une guerre européenne !

Heureusement que ces conseils sont si absurdes, ces projets si insensés, que le gouvernement impérial fera, selon toute probabilité, la sourde oreille.

*
* *

Cependant j'avoue que je ne suis pas tout à fait tranquille, surtout depuis que les préférences d'un personnage omnipotent se sont manifestées, d'une façon qui n'est pas douteuse, en faveur de don Carlos.

Nous avons vu tant de choses contradictoires sous ce règne, que nous pourrions bien encore voir celle-là.

Un gouvernement qui s'appuie sur le clergé pour faire élire ses candidats est assez le débiteur des évêques pour que de semblables folies soient à craindre.

Décidément, il est plus que jamais nécessaire d'enlever toute influence aux cléricaux dans les conseils de l'Etat.

Alerte! mes amis, alerte!

Une chose, par-dessus tout, m'inquiète. Juste à l'heure où nous avons besoin de nous affranchir de ce qu'un publiciste espagnol appelle, avec une heureuse énergie d'expression, *la tyrannie noire*, je vois cette même tyrannie s'étendre de plus en plus sur nous.

Nous ouvrons bêtement nos portes aux Jésuites dont se débarrasse, avec une satisfaction louable, le gouvernement de Madrid.

Je sais bien qu'il faut que ces gens-là aillent quelque part. Mais pourquoi chez nous plutôt qu'à Rome?

Nous n'avions pas assez, paraît-il, pour la mortification de nos âmes, des cent vingt ou cent trente mille religieux de tout ordre qui pullulent sur le sol français; il nous fallait encore les épaves des nations voisines !

*
* *

Pour peu que cette inondation d'un genre nouveau continue, notre pays ne sera bientôt plus qu'un cloître immense.

Mon Dieu! que Louis Veuillot va donc être content !

*
* *

Ce qui me rassure sur le sort des bons Pères, c'est qu'ils n'arrivent pas chez nous les mains vides.

Nous apprenons tous les jours par les feuilles bien pensantes qu'ils achètent, tantôt au nord, tantôt au midi, des propriétés considérables.

Presque tous les journaux ont raconté, le mois dernier, le suicide de Joseph Ledoux, âgé de soixante et un ans, curé d'Herbaut (Belgique), trouvé pendu dans sa cuisine.

Mais on ajoutait prudemment que les causes qui avaient pu pousser cet ecclésiastique à s'ôter la vie, restaient inconnues.

Il faut croire que le clergé du Hainaut a été complétement édifié sur ce point délicat; il en sait même, selon toute apparence, beaucoup plus long qu'il n'en veut dire, car, loin de refuser les derniers honneurs au suicidé, — comme cela se pratique ordinairement, — il l'a fait inhumer en terre sainte.

Voici même, dit l'*Echo du Parlement*, en quels termes les prières des fidèles ont été réclamées pour lui :

« Nous recommandons à vos charitables prières l'âme de M. l'abbé Joseph Ledoux, décédé *martyr* dans sa cure, le 1er de ce mois. »

MARTYR ? — Quel est donc ce mystère ?

*
* *

Je crois avoir trouvé le mot de l'énigme ; — il est bien simple, allez !

Le voici :

— *Même quand il contrevient aux lois de la morale religieuse, un prêtre n'a jamais tort.*

On trouve toujours quelque part des raisons pour lui assurer largement le bénéfice des circonstances atténuantes.

Si les loups se dévorent entre eux, il n'en est pas de même de messieurs les ecclésiastiques.

Ceux-là savent se couvrir efficacement.

J'arrive un peu tard pour parler du couronnement de sainte Anne (d'Auray).

Cependant, je ne puis passer tout à fait sous silence un fait d'une importance aussi capitale.

Donc sainte Anne, mère de la vierge Marie et aïeule de Jésus, vient d'être couronnée publiquement à Auray, dans sa chapelle, en récompense des nombreux miracles qu'elle a opérés.

C'est le 30 septembre dernier qu'a eu lieu cette imposante solennité.

Plus de cinquante mille témoins, assure-t-on, assistaient à la cérémonie.

Un archevêque, cinq évêques, un père abbé et mille prêtres bénissaient la foule ou priaient avec elle.

Ce devait être splendide !

* *
*

Mais ce qu'il y a de plus remarquable dans tout cela, c'est le mandement de M. l'Evêque de Vannes.

Un mandement de cette force devrait être affiché partout; les frais, en pareille occurence, ne sont rien.

Et pour témoigner de ma sincérité, j'ouvre incontinent dans les bureaux de la Banque de France, une souscription publique à la tête de laquelle je m'inscris pour cinquante centimes. — Je voudrais que l'on distribuât gratis cette pièce curieuse dans toutes les communes de l'empire, afin que nul ne pût ignorer l'opinion flatteuse que se

font les évêques en général, — et celui de
Vannes en particulier, — de la naïveté du
troupeau catholique confié à leur houlette
épiscopale.

J'ai recueilli dans le *Figaro* le fragment
suivant que je livre aux méditations de mes
lecteurs. On n'a pas tous les matins une
pareille aubaine.

C'est M. l'Evêque qui parle :

Je ne doute pas plus de vos sentiments religieux, s'écrie-t-il, que de votre *libéralité*. Aussi
bien l'œuvre considérable dont le couronnement
de sainte Anne n'est qu'un glorieux épisode, m'a
fourni l'occasion de vous mieux connaître.

Que de *ressources* offre une population incapa-
ble, comme tant d'autres, de se surfaire ! Sous
les dehors d'une simplicité primitive, elle cache,
sans prétentions, un fond riche et d'*une exploitation facile*. Que de spontanéité, que de constance
dans ses entreprises ! Pour la faire agir, il suffit
de toucher avec délicatesse quelques ressorts inti-
mes, qu'elle ne confie pas au premier venu.

Voilà au moins qui a le mérite de la
clarté.

C'est brutal, mais c'est franc.

Qui donc a dit que la pudeur avait des voiles ?

*
* *

M. l'Evêque constate — avec une joie qui n'échappera à personne, — non-seulement la *simplicité primitive* de ses ouailles, mais encore le fond *riche* et d'une *exploitation facile* que fournit, aux avidités cléricales, la population bretonne.

Que de *ressources* pour l'Eglise dans la sotte crédulité de cette population confiante et bonnasse !

Est-il possible, je vous le demande, de dire plus clairement aux gens qu'on se moque d'eux ?

*
* *

Cela rappelle assez proprement la phrase banale que se repassent les uns aux autres les gouvernements dans l'embarras, et que nous retrouvons à la fin de tous les discours officiels, à savoir que « les richesses de la France sont inépuisables. »

Prétexte adroit pour les épuiser plus commodément.

Du mandement d'un évêque au sermon d'un abbé, il n'y a qu'un pas.

Le dimanche, 4 octobre, raconte l'*Opinion nationale*, dans l'église Notre-Dame, à Vitré, M. l'abbé Leperdriel (retenez ce nom), s'est écrié :

« Tous ceux qui ne sont pas pour le pape *sont pourris !* »

Avis aux catholiques qui n'ont pas encore envoyé leur zouave à Rome.

Au moment où j'écrivais les premières

lignes de cette brochure, une feuille détachée d'un livre écrit en Espagnol, m'est arrivée par la poste.

Point de lettre d'envoi; point de nom.— C'est assez l'habitude des correspondants de rester ainsi derrière le rideau.

On se croirait perdu si, en communiquant avec un journaliste, on signait les observations, parfois curieuses, qu'on lui envoie.

Ici, pas même d'observations.

Mais en marge de la page imprimée, cette brève indication : — « Pour la brochure *Alerte!* »

Puis, plus bas, ces deux mots : — « *Un Español.* »

*
* *

Et pourquoi tout ce mystère?

Simplement pour me signaler la phrase suivante, empruntée, par l'auteur du livre, à André Chénier :

« Les prêtres ne troublent point les Etats
» quand on ne s'y occupe point d'eux; et
» ils les troublent toujours quand on s'en
» occupe, *de quelque manière qu'on s'en oc-*
» *cupe.* »

Ces derniers mots sont soulignés dans le
texte qui m'est adressé.

*
* *

J'avoue que cette communication bizarre
m'a laissé tout rêveur.

D'où me vient cela? me suis-je demandé.

Est-ce un encouragement, un conseil
donné par l'Espagne à la France, et que
l'on me prie de rendre public?

Ou bien est-ce une menace?

Vu l'état divisé des esprits, les deux hy-
pothèses sont possibles.

*
* *

Si c'est un conseil, je reconnais qu'il est
bon. Dans ce cas, l'envoi peut m'avoir été

fait par un de ces Espagnols heureux de l'affranchissement de leur pays, et qui souhaitent aux autres le bien qui leur arrive à eux-mêmes.

Mais pourquoi l'honnête homme se cache-t-il ?

*
* *

Si c'est une menace...

Eh ! ma foi, cela se pourrait bien. J'incline même très-fortement à le croire.

Dans ce dernier cas, il faut évidemment traduire la pensée secrète de mon correspondant de la manière brutale, mais exacte, que voici :

« Souvenez-vous, misérable folliculaire, que les oints du Seignenr ne *craignent pas de jeter le trouble dans le pays ou l'on ose mettre à jour leurs exactions;* et si vous continuez contre la sainte Eglise (que Dieu garde !) vos téméraires attaques, gare les réprésailles !.....

« Je ne vous dis que ça ! »

Eh bien ! soit ; j'accepte le défi pour mon pays.

Mais voici bien autre chose !

Je n'ai certainement pas l'intention de vider mon portefeuille et de décacheter en public toutes les lettres qui me parviennent ; mais il est certaines missives pour lesquelles, à mon avis, on peut, on doit faire exception.

Je livre donc à l'admiration enthousiaste de mes contemporains le remarquable morceau d'éloquence sacrée que voici.

Par exemple, je ne veux rien changer, pas même l'orthographe.

La chose m'est venue en droite ligne de La Flèche, département de la Sarthe, sous la date du 21 octobre 1868.

Monsieur,

Je ne comprend vraiment pas comment que depuis dix-huit siècles édemis que de prétendus savants ont combattu et cherché à renverser la base de la civilisation, — « la religion » — n'ayant obtenu aucuns résultats, qu'il y en ait encore aujourd'hui qui persiste dans la même voie. Qu'ont-ils fait, ces hommes? rien. Ils sont tombés sous les coups du temps, et cette religion est restée debout plus puissante que jamais.

Vous croyez peut-être par vos écrits porté atteinte à la dignité des catholiques, non, votre *Tocsin* et les absurdités qu'il contient ne peut être gouté que par la Crapule de votre genre; je comprend que vous vouliez vous faire un nom célèbre, mais ce ne sera jamais que dans la *boubeuse* ordure de la société.

Ma chère petite ville est restée attachée, non pas aux principes de 89 que vous proclamez si haut, mais aux principes religieux et honnêtes qui font le caractère du Français; sa dignité est au dessus de vos insultes, car il n'appartient qu'à un sauvage à tenir un langage tel que le vôtre.

A bas les buveurs de sang !

Et les libres penseurs !

Adieu, rebut du siècle !

. . . . . .

*

* *

Il est superflu d'ajouter que cette ordure n'est pas signée.

A la place des *cinq* points que, par res-
pect pour le public, je viens de tracer au
bas de la lettre, savez-vous quel mot a été
écrit?

Vous hésitez?... Eh bien! rappelez-vous
la réponse de Cambronne.

— Comment?... cette expression?... ce
mot que...

— Tout juste, vous y êtes!

*
* *

O douceur évangélique, ô parfum des
âmes pieuses! ô aménité des humbles dis-
ciples de Jésus, fils de Marie!

Voilà donc le style *élégant et fort* de messieurs les catholiques?

Les imbéciles! Ils ne voient pas qu'avec
de pareilles formes, ils me donnent mille
fois raison contre eux.!

*
* *

Afin qu'on ne puisse mettre en doute ma

véracité, je tiens l'original de la vilenie ci-dessus à la disposition de quiconque en voudra venir prendre connaissance, chez moi, tous les matins, de neuf heures à onze heures.

*
* *

J'ai publié cette lettre, mais je ne prends pas l'engagement de recommencer; ce serait encourager l'insulte.

A l'avenir, je ferai de ces *Odeurs* le cas qu'elles méritent; j'en rirai et les jetterai au panier. Ce sera tout profit pour les chiffonniers.

Si je n'ai pas envoyé tout de suite le papier dont il s'agit aux immondices, c'est qu'il m'a paru utile de témoigner, par un exemple frappant, à quel excès de rage insensée de fanatisme peut se laisser entraîner un homme qui se livre à de trop fréquentes lectures du *Syllabus errorum* et de ses commentaires.

C'est plus que jamais l'occasion de répé-
ter avec l'auteur du *Lutrin* :

Tant de fiel entre-t-il dans l'âme des dévôts?

Sait-on bien quelles innombrables, —
j'allais dire quelles insurmontables difficul-
tés, — rencontre un écrivain parfaitement
décidé à dire ce qu'il pense?

J'en ai fait la dure expérience le mois
dernier.

Mes lecteurs se rappellent sans doute que
ma précédente brochure a été honteuse-
ment et horriblement mutilée, *à mon insu*,
par le typographe illettré auquel j'avais eu
la sottise de confier mon manuscrit.

Je ne veux pas revenir sur ces détails.

Mais ce qu'on ignore, à coup sûr, c'est
l'étonnante réponse que m'a faite, ces jours

derniers, un des imprimeurs les plus coura-
geux de Paris, — jusqu'à présent.

*
* *

J'étais allé trouver cet honnête industriel
pour lui proposer la publication de mes fu-
turs petits livres.

—Attaquez, si cela vous plaît, le gouvernement, m'a-t-il dit; soyez aussi vif, aussi
hardi en politique que bon vous semblera,
je vous imprimerai. Mais si vous prétendez
lutter contre le clergé, je refuse carrément
mes presses.

— Et pourquoi? demandai-je.

— Parce que le gouvernement, qui se
laisse volontiers dire des duretés, ne per-
met pas que l'on touche aux évêques.

*
* *

J'en suis encore tout ébaubi.
Et vous?

Quoi! le gouvernement impérial serait plus susceptible pour le clergé, — son adversaire et son ennemi, — que pour lui-même? Il aurait de ces inexplicables tendresses pour les hommes qui méconnaissent la loi (je le prouverai, et foulent aux pieds la Constitution?

Est-ce possible?

En vérité, cela ne m'étonnerait pas.

Voici un fait qui vient à l'appui de ma supposition, et la rend vraisemblable.

Je sais bien qu'en racontant cette histoire, je vais remplir de joie le cœur de tous les cléricaux de France et de Navarre; mais cette considération ne m'arrête pas.

Il m'est doux, au contraire, d'apprendre

à Messieurs les Ecclésiastiques que les administrations du gouvernement sont plus que jamais remplies de bienveillance à leur égard.

*
**

L'éditeur du *Tocsin*, désirant faire connaître au public le caractère spécial de sa marchandise, avait fait imprimer, pour le jour de la mise en vente, quelques centaines d'affiches.

Rien de plus naturel, n'est-ce pas?

Cela s'était fait jadis pour la *Lanterne*, d'Henri Rochefort; et la *Cloche*, de mon confrère Ferragus, est rappelée, chaque semaine, de la même façon, au souvenir des passants affairés.

Notez encore qu'au moment précis dont je parle, d'immenses affiches rouges, annonçant le *Diable à quatre*, s'épanouissaient les murs de Paris.

La chose semblait donc devoir marcher sans encombre.

*
* *

Mais hélas ! — *horresco referens !* — le placard incendiaire relatif à mon infortuné *Tocsin*, indiquait qu'il s'agissait d'un écrit politique et anti-clérical.

Le mot « anti-clérical » a choqué les sentiments profondément religieux de messieurs les employés de la préfecture de police ;

Et le permis d'afficher a été refusé !

Ainsi, voilà qui est hors de doute : l'administration souffre que l'on combatte la politique de M. Rouher, (qui est la politique de l'Empereur), et même qu'on proclame la chose d'avance sur toutes les murailles; -- mais annoncer que l'on va battre en brèche les obscures menées de très-haute et très-puissante association de St-Vincent-de-Paul, c'est autrement grave.

*
* *

Bref, nos affiches ont été perdues.

Quant à l'administration du timbre, qui avait trouvé le placard en question assez inoffensif pour recevoir l'empreinte de la figurine officielle, je puis affirmer par serment qu'elle n'a pas restitué un sou des sommes perçues en vue de l'affichage.

C'est une justice à rendre aux comptables incorruptibles et sévères qui tiennent entre leurs mains loyales une ou plusieurs des clefs d'or du trésor public, -- ils perçoivent toujours, mais ne rendent jamais.

Ce qui est bon à prendre, leur paraît sans doute encore meilleur à garder.

Que diriez-vous cependant d'un épicier qui, après avoir touché au comptoir le prix de votre livre de sucre, vous reprendrait brutalement sa marchandise à la porte?

*
* *

Tout cela ne prouve pas, il me semble, que nous vivions dans un pays absolument libre.

Si vous aviez à définir le régime politique de la France au temps de Louis XIV, vous écririez : — Gouvernement personnel et absolu.

Fort bien.

Mais s'il s'agissait ensuite de caractériser le régime actuel, quels termes emploiriez-vous?

Pour moi, je ne chercherais pas midi à

quatorze heures, et je dirais encore : —
Gouvernement personnel et absolu.

*
* *

De Louis XIV-à Napoléon III, quel che-
min avons-nous donc fait?

Aucun.

Et il en sera de même aussi longtemps
que notre politique s'inspirera des doc-
trines vieillotes patronnées par l'Eglise de
Rome.

C'est le propre du catholicisme, qui se
déclare immuable, d'immobiliser autour de
lui les institutions et les hommes.

L'immuable ne progresse pas.

*
* *

Je ne vois pour nous qu'un moyen de
sortir de là.

Il est radical, mais il est infaillible.

C'est de proclamer, une fois pour toutes, la séparation de l'Eglise et de l'Etat.

Aussi dirais-je à tous ceux qui sont jeunes et que fatiguent, comme moi, les éternels atermoiements des paralytiques du pouvoir :

ALERTE!... ALERTE!

LÉON RICHER.

SOUS PRESSE : **PROPOS D'UN MÉCRÉANT.**

Paris. --- Imp. Turin et Alf. Juvet, 9, c. des Miracles.